Documentos de la democracia de Estados Unidos

LOS ARTÍCULOS DE LA CONFEDERACIÓN

Heather Moore Niver
Traducido por Esther Sarfatti

PowerKiDS press.

Nueva York

Published in 2017 by The Rosen Publishing Group, Inc.
29 East 21st Street, New York, NY 10010

Editorial Director, Spanish: Nathalie Beullens-Maoui
Editor, English: Katie Kawa
Translator: Esther Sarfatti
Book Design: Tanya Dellaccio

Photo Credits: Cover (painting) Stock Montage/Getty Images; Cover, p. 25 (document) https://commons.wikimedia.org/wiki/File:Articles_page1.jpg; Background (all pages except 25) didecs/Shutterstock.com; pp. 5, 9 (inset), 13 (right) Courtesy of the Library of Congress; p. 7 DEA PICTURE LIBRARY/Getty Images; p. 9 https://commons.wikimedia.org/wiki/File:BenFranklinDuplessis.jpg; p. 11 https://commons.wikimedia.org/wiki/File:Flickr_-_USCapitol_-_The_First_Continental_Congress,_1774.jpg; pp. 13 (left), 27 Courtesy of the National Archives; p. 15 https://commons.wikimedia.org/wiki/File:Richard_Henry_Lee_at_Nat._Portrait_Gallery_IMG_4471.JPG; pp. 17, 29 Hulton Archive/Getty Images; p. 19 https://commons.wikimedia.org/wiki/File:Articles_of_Confederation_1977_Issue-13c.jpg; p. 20 https://commons.wikimedia.org/wiki/File:US_flag_13_stars_%E2%80%93_Betsy_Ross.svg; pp. 21, 27 sjgh/Shutterstock.com; p. 23 https://commons.wikimedia.org/wiki/File:Surrender_of_Lord_Cornwallis.jpg; p. 25 (background) James Whelan/Shutterstock.com.

Cataloging-in-Publication Data

Names: Niver, Heather Moore, author.
Title: Los Artículos de la Confederación / Heather Moore Niver, translated by Esther Sarfatti.
Description: New York : PowerKids Press, 2016. | Series: Documentos de la democracia de Estados Unidos | Includes index.
Identifiers: ISBN 9781508151579 (pbk.) | ISBN 9781499422610 (library bound) | ISBN 9781508151586 (6 pack)
Subjects: LCSH: United States. Articles of Confederation–Juvenile literature. | Constitutional history–United States–18th century–Juvenile literature. | United States–Politics and government–1775-1783–Juvenile literature.
Classification: LCC KF4508 .N58 2016 | DDC 343.7302–dc23

Manufactured in the United States of America

CPSIA Compliance Information: Batch #BS16PK: For Further Information contact Rosen Publishing, New York, New York at 1-800-237-9932

CONTENIDO

UN PAÍS JOVEN Y LIBRE

Aunque Estados Unidos es un país joven si lo comparamos con otros, la Constitución de Estados Unidos es la constitución escrita más antigua que sigue en uso en el mundo. Sin embargo, no fue la primera constitución que se redactó en Estados Unidos. En realidad, ese honor pertenece a los Artículos de la Confederación. En 1777, este documento fue adoptado por el Congreso Continental, aunque no fue **ratificado** por los 13 estados hasta 1781. Los Artículos de la **Confederación** estuvieron en uso hasta 1789, año en que la actual Constitución de Estados Unidos entró en vigor.

Bajo los Artículos, Estados Unidos se estableció como una confederación en la cual cada estado se encargaba de sus propios asuntos. Aunque este documento fue reemplazado poco tiempo después de ser ratificado, fue un paso importante en la creación del gobierno de Estados Unidos de América que hoy conocemos.

El nombre completo de los Artículos de la Confederación es los Artículos de la Confederación y la Unión Perpetua. La palabra "perpetua" significa "que no se acaba nunca".

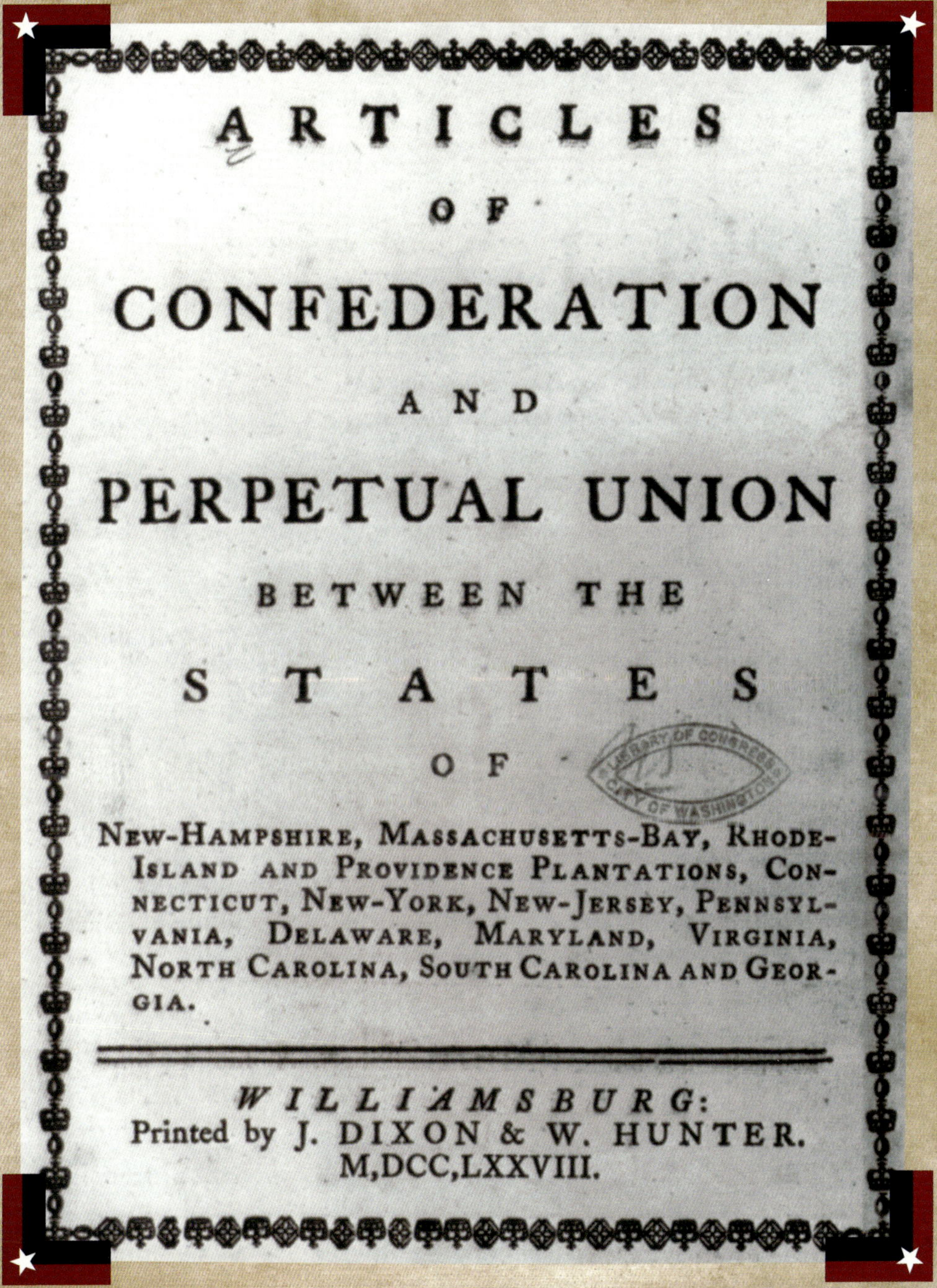

ARTICLES OF CONFEDERATION AND PERPETUAL UNION

BETWEEN THE

STATES

OF

NEW-HAMPSHIRE, MASSACHUSETTS-BAY, RHODE-ISLAND AND PROVIDENCE PLANTATIONS, CONNECTICUT, NEW-YORK, NEW-JERSEY, PENNSYLVANIA, DELAWARE, MARYLAND, VIRGINIA, NORTH CAROLINA, SOUTH CAROLINA AND GEORGIA.

WILLIAMSBURG:
Printed by J. DIXON & W. HUNTER.
M,DCC,LXXVIII.

TEMORES EN TIEMPOS DE GUERRA

Los Artículos de la Confederación se redactaron durante la guerra de Independencia de Estados Unidos. En esta guerra, las 13 colonias lucharon contra Gran Bretaña para obtener su independencia. Aunque los colonos se unieron en la lucha por lograr la independencia, la gente sentía más **lealtad** hacia su estado que hacia la joven nación.

Muchos ciudadanos temían que un gobierno central tuviera demasiado control sobre sus libertades, y que esto podría llevar a

LA GUERRA DE INDEPENDENCIA DE ESTADOS UNIDOS

Durante muchos años, los colonos que vivían en las 13 colonias protestaron por lo que ellos consideraban un trato injusto por parte de los ingleses. Consideraban injusto tener que pagar impuestos altos y cumplir con leyes británicas severas sin tener una representación adecuada en el Parlamento, el organismo que enactaba las leyes inglesas. El 19 de abril de 1775, las diferencias entre los colonos y los ingleses resultaron en enfrentamientos violentos en las ciudades de Lexington y Concord en Massachusetts. La guerra de Independencia de Estados Unidos había comenzado. La guerra terminó oficialmente en 1783, cuando se firmó el Tratado de París.

la creación de una monarquía, algo contra lo que habían luchado al declarar la independencia del dominio del rey de Inglaterra.

Los líderes de Estados Unidos estaban conscientes de estos temores. Teniendo esto en consideración, comenzaron a planificar un documento que definiría al gobierno de su nueva nación.

Los problemas que llevaron a la guerra de Independencia influyeron mucho en la creación de los Artículos de la Confederación.

EL PLAN DE ALBANY

Los Artículos de la Confederación no se crearon a partir de un solo **borrador**. Antes hubo varios documentos que inspiraron su creación. El primero de estos se conoce como el Plan de Unión de Albany, que presentó Benjamin Franklin más de una década antes del comienzo de la guerra de Independencia de Estados Unidos. El Plan de Albany, como se le suele llamar, tenía por objetivo unir a la mayoría de las colonias bajo un solo gobierno. Este grupo sería una confederación bajo el mando de un presidente general y un "gran consejo". El presidente general

BENJAMIN FRANKLIN

Benjamin Franklin es uno de los Padres Fundadores de Estados Unidos más conocidos. Entre los muchos documentos que redactó en su lucha por la democracia en Estados Unidos, se encuentran el Plan de Albany y un primer borrador de los Artículos de la Confederación. También ayudó a redactar la Declaración de Independencia. Durante la guerra de Independencia, Franklin trabajó en Francia, donde representaba a Estados Unidos. Además, ayudó a crear la Constitución de Estados Unidos que todavía usamos hoy en día. Franklin no solo fue conocido como escritor y funcionario público, sino también como científico e inventor.

Benjamin Franklin creía firmemente que las colonias debían unirse para ser más fuertes. El mismo año en que propuso el Plan de Albany, su periódico, el Pennsylvania Gazette, *publicó esta viñeta política que instaba a las colonias a unirse.*

sería nombrado por el rey de Inglaterra y el consejo sería elegido por las asambleas de las colonias.

El Plan de Albany fue adoptado por los representantes al **Congreso de Albany** el 10 de julio de 1754. Sin embargo, fue rechazado por los gobiernos coloniales y nunca se puso en práctica.

EL PRIMER CONGRESO CONTINENTAL

Aunque los Artículos de la Confederación establecieron el primer gobierno formal de Estados Unidos, hubo un grupo que sirvió de junta de gobierno antes de la redacción de los Artículos. En 1774, un grupo de colonos formó lo que actualmente se conoce como el Primer Congreso Continental para que las colonias pudieran tener voz ante el gobierno de Gran Bretaña. El Primer Congreso Continental se reunió en secreto, con un total de 56 **delegados**, que procedían de todas las colonias, menos Georgia.

Joseph Galloway de Pensilvania propuso un plan para combinar el mandato británico con algo de libertad para que las colonias también se pudieran gobernar. Este plan fue rechazado. En su lugar, los delegados decidieron adoptar una declaración oficial de sus derechos, que también resumía los problemas que los colonos tenían con el mandato británico.

Esta pintura, que se puede ver en el Capitolio de Estados Unidos, muestra la reunión del Primer Congreso Continental.

EL BORRADOR DE FRANKLIN

El primer paso decisivo hacia la redacción de los Artículos de la Confederación tuvo lugar el 21 de julio de 1775. Ese día, Franklin entregó un borrador de los “Artículos de la Confederación y la Unión Perpetua” al Congreso Continental. Igual que la versión final de los Artículos que fue aceptada, este documento detallaba 13 puntos o artículos. Resumía los poderes que debía tener el Congreso, entre ellos la autoridad de emitir una **moneda** nacional y tomar decisiones con respecto a tiempos de paz y de guerra. Franklin también pensó en el futuro. Incluyó la posibilidad de enmendar, o modificar, este documento según cambiaban las necesidades del país.

Los miembros del Segundo Congreso Continental debatieron acerca del documento de Franklin, pero no lo llegaron a ratificar. No obstante, se utilizó como modelo para los Artículos de la Confederación que finalmente se ratificaron y se pusieron en práctica.

Aquí se muestra una parte del borrador de los Artículos de Franklin, escritos a mano por él, así como una versión impresa con notas de Thomas Jefferson.

NOTAS Y CARTAS

Podemos aprender mucho acerca de la historia de la democracia de Estados Unidos estudiando sus documentos más importantes. Además, existen otros escritos que nos pueden ayudar a entender mejor esos documentos y lo que los líderes de Estados Unidos pensaban acerca de dichos documentos. Muchos de los Padres Fundadores tomaban notas durante las reuniones y se escribían cartas entre ellos. Cuando estudiamos estos escritos menos formales, podemos entender mejor qué pensaban los primeros líderes de Estados Unidos del nuevo país y de los documentos que le dieron forma.

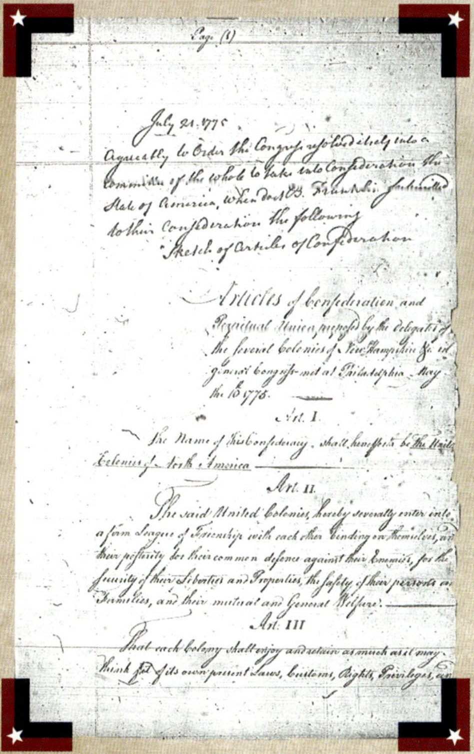

Page (1)

July 21. 1775

Agreeably to Order the Congress resolved itself into a Committee of the whole to take into Consideration the State of America, when Doct. B. Franklin submitted to their Consideration the following

Sketch of Articles of Confederation

Articles of Confederation and Perpetual Union, proposed by the delegates of the several Colonies of New Hampshire &c. in general Congress met at Philadelphia May the 10th 1775.

Art. I

The Name of this Confederacy shall henceforth be The United Colonies of North America

Art. II

The said United Colonies hereby severally enter into a firm League of Friendship with each other binding on themselves and their posterity for their common defence against their Enemies, for the security of their Liberties and Properties, the safety of their persons and Families, and their mutual and General Welfare.

Art. III

That each Colony shall enjoy and retain as much as it may think fit of its own present Laws, Customs, Rights, Privileges, and

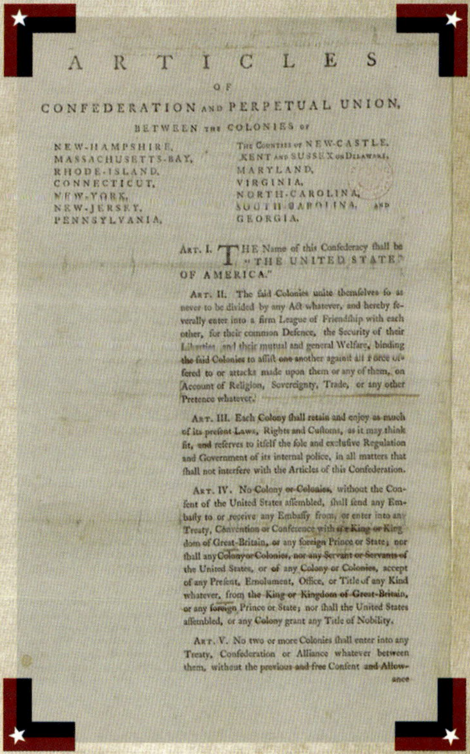

ARTICLES

OF

CONFEDERATION AND PERPETUAL UNION,

BETWEEN THE COLONIES OF

NEW-HAMPSHIRE,
MASSACHUSETTS-BAY,
RHODE-ISLAND,
CONNECTICUT,
NEW-YORK,
NEW-JERSEY,
PENNSYLVANIA,
THE COUNTIES OF NEW-CASTLE,
KENT AND SUSSEX ON DELAWARE,
MARYLAND,
VIRGINIA,
NORTH-CAROLINA,
SOUTH-CAROLINA, AND
GEORGIA.

ART. I. THE Name of this Confederacy shall be "THE UNITED STATES OF AMERICA."

ART. II. The said Colonies unite themselves so as never to be divided by any Act whatever, and hereby severally enter into a firm League of Friendship with each other, for their common Defence, the Security of their Liberties and their mutual and general Welfare, binding the said Colonies to assist one another against all Force offered to or attacks made upon them or any of them, on Account of Religion, Sovereignty, Trade, or any other Pretence whatever.

ART. III. Each Colony shall retain and enjoy as much of its present Laws, Rights and Customs, as it may think fit, and reserves to itself the sole and exclusive Regulation and Government of its internal police, in all matters that shall not interfere with the Articles of this Confederation.

ART. IV. No Colony or Colonies, without the Consent of the United States assembled, shall send any Embassy to or receive any Embassy from, or enter into any Treaty, Convention or Conference with the King or Kingdom of Great-Britain, or any foreign Prince or State; nor shall any Colony or Colonies, nor any Servant or Servants of the United States, or of any Colony or Colonies, accept of any Present, Emolument, Office, or Title of any Kind whatever, from the King or Kingdom of Great-Britain, or any foreign Prince or State; nor shall the United States assembled, or any Colony grant any Title of Nobility.

ART. V. No two or more Colonies shall enter into any Treaty, Confederation or Alliance whatever between them, without the previous and free Consent and Allowance

LA RESOLUCIÓN DE LEE

Pasó casi un año desde que Franklin propusiera sus Artículos de la Confederación antes de que se llegara a algo concreto en cuanto a la redacción de un plan de gobierno formal. El 7 de junio de 1776, Richard Henry Lee de Virginia presentó lo que hoy se conoce como la Resolución de Lee al Segundo Congreso Continental.

Esta resolución proponía la creación de tres documentos. El primero era una declaración de independencia. El segundo era un plan para formar alianzas, o asociaciones, con otros países. El último de los documentos propuestos en la Resolución de Lee era un "plan para la confederación". A continuación, el Congreso creó tres comités para redactar estos documentos.

La primera parte de la Resolución de Lee fue adoptada por el Congreso el 2 de julio de 1776. Dos días más tarde, se aprobó la Declaración de Independencia. Más tarde ese mismo año, se aprobó un plan para la formación de alianzas. Los Artículos de la Confederación fueron la última parte de la Resolución de Lee en ser adoptada por el Congreso.

Tanto la Declaración de Independencia como los Artículos de la Confederación fueron redactados en respuesta a la resolución presentada por Richard Henry Lee, quien se muestra aquí.

EL BORRADOR DE DICKINSON

Como resultado de la Resolución de Lee, el Segundo Congreso Continental nombró un comité para redactar un documento que pudiera servir como una constitución federal. Este comité, encabezado por John Dickinson, creó el primer borrador oficial de los Artículos de la Confederación, que fue presentado en el Segundo Congreso Continental el 12 de julio de 1776.

El borrador de Dickinson concedía mucho más poder al gobierno central que la versión final de los Artículos de la Confederación. De hecho, según su borrador, cualquier poder no otorgado expresamente a los estados pertenecía al gobierno central.

Los líderes de Estados Unidos tenían tres asuntos importantes que debatir respecto al borrador: recaudación de impuestos, representación en el Congreso, y qué decisiones debería tomar el gobierno en relación a las tierras al oeste. Estos debates ocasionaron que el documento original cambiara considerablemente desde el primer borrador hasta su configuración final.

JOHN DICKINSON

John Dickinson sirvió como delegado de Pensilvania en ambos Congresos Continentales. También fue delegado de Delaware a la Convención Constitucional en 1787. Dickinson era conocido por sus escritos, entre ellos sus cartas y artículos, en los que se oponía a los impuestos británicos. Sus escritos se publicaron en un libro titulado Cartas de un granjero de Pensilvania a los habitantes de las colonias británicas. *Gracias al talento de Dickinson como escritor, llegó a ser conocido como "el autor de la Revolución". Aunque no fue partidario de la Declaración de Independencia, luchó en la guerra de Independencia de Estados Unidos.*

John Dickinson, según se muestra en este retrato, era conocido por su talento como escritor. Sus escritos sentaron la base para la democracia de Estados Unidos.

¡RATIFICADOS!

Los Artículos de la Confederación fueron oficialmente adoptados por el Congreso el 15 de noviembre de 1777. Sin embargo, pasarían varios años antes de que los adoptaran todos los 13 estados. Virginia fue el primer estado en ratificar el documento. Nueva Jersey, Delaware y Maryland fueron los tres últimos en hacerlo. Les preocupaba cómo se resolvería el asunto de las reclamaciones de las tierras del oeste hechas por los estados más grandes.

Finalmente, el 1 de marzo de 1781, Maryland fue el último estado en ratificar los Artículos de la Confederación. Este documento creaba una confederación con un gobierno central que no tenía demasiado poder. Los estados tenían la mayor parte del poder y controlaban sus propios asuntos. Los Artículos también hicieron oficial el nombre del país: Estados Unidos de América.

Transcurrieron casi cinco años entre la redacción del primer borrador de los Artículos de la Confederación y su ratificación por parte de todos los estados.

El camino hacia los Artículos de la Confederación

11 de junio de 1776	*Se nombra un comité para preparar un documento que una a las colonias bajo un solo gobierno.*
12 de julio de 1776	*El Congreso Continental recibe el primer borrador de los Artículos de la Confederación.*
15 de noviembre de 1777	*El Congreso Continental aprueba los Artículos de la Confederación.*
16 de diciembre de 1777	*Virginia se convierte en el primer estado en ratificar los Artículos de la Confederación.*
1 de marzo de 1781	*Los delegados de Maryland firman los Artículos de la Confederación, completando el proceso de ratificación por los 13 estados.*

LOS CUATRO PRIMEROS ARTÍCULOS

Los 13 artículos que componen los Artículos de la Confederación detallaban cómo sería el nuevo gobierno de Estados Unidos. El Artículo I le dio al país el nombre de Estados Unidos. El Artículo II declaraba que cada estado era libre y tenía autoridad propia. Si algún poder específico no se concedía al gobierno federal, pasaba entonces a los estados. El Artículo III afirmaba que todos los componentes de la confederación se unirían para defenderse contra ataques y proteger la libertad de cada estado.

Los Artículos de la Confederación unían a los 13 estados bajo una sola nación. Aquí se muestra la primera bandera de la nueva nación.

ARTÍCULO III

"Los estados mencionados constituyen por el presente acto una firme liga de amistad entre sí, para su defensa común, la protección de sus libertades y su bienestar mutuo y general, y se comprometen a auxiliarse unos a otros en contra de toda violencia que se haga a todos o a cualquiera de ellos, o ataques que se les lance, por motivos religiosos, de soberanía, de comercio, o por cualquier otro pretexto."

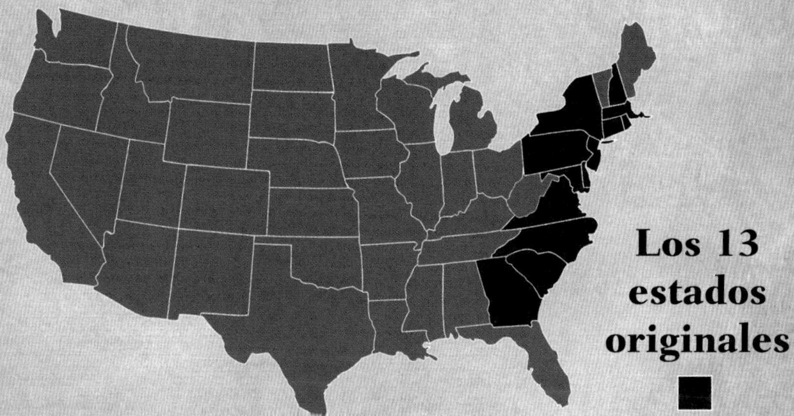

El Artículo III de los Artículos de la Confederación estipulaba que los 13 estados entraran en "una firme liga de amistad entre sí".

El Artículo IV garantizaba que los ciudadanos recibirían un trato justo en cualquiera de ellos y que podían visitar o residir en cualquiera de los estados. Las únicas excepciones eran los "**indigentes**" y los "**vagabundos**", así como los fugitivos de la justicia. En el caso de los fugitivos, el Artículo IV estipulaba que estos serían devueltos al estado dónde habían cometido el delito.

SINOPSIS DE LOS PODERES

El Artículo V de la Confederación establecía el Congreso de Estados Unidos. Cada estado podía tener de dos a siete delegados, y cada delegado podía servir por tres años en un período de seis años. Los delegados de cada estado tendrían que votar en grupo. Esto significaba que cada estado tendría un solo voto, sin tener en cuenta el número de delegados total.

El Artículo VI detallaba algunos poderes que los estados no podrían tener, como el de hacer tratados entre los estados o crear ejércitos y armadas permanentes. Aunque los estados requerían tener **milicias**, no podían declarar la guerra a menos que fueran atacados. Los oficiales de las milicias serían elegidos por los estados, de acuerdo al Artículo VII.

El Artículo VIII establecía un **tesoro público** nacional, que se podría utilizar en tiempos de guerra y para ayudar a los estados. El dinero de este tesoro público vendría de los impuestos estatales.

A causa de la guerra de Independencia de Estados Unidos, las reglas de cómo hacer la guerra y cómo financiarla se incorporaron a los Artículos de la Confederación.

ARTÍCULO VI

"Ningún estado podrá declarar la guerra sin permiso del Congreso de Estados Unidos, a menos que un estado sea invadido por el enemigo..."

LOS CINCO ÚLTIMOS ARTÍCULOS

Los poderes otorgados al Congreso se detallaron en el artículo IX de los Artículos de la Confederación. Incluía el poder de declarar la guerra, nombrar embajadores, hacer tratados y resolver desacuerdos entre los estados. Este Artículo también creaba un Comité de Estados. El Artículo X estipulaba que este comité podía ejercer los poderes del Congreso si este no estaba en sesión.

El Artículo XI hacía posible que otros estados se unieran a Estados Unidos, siempre que tuvieran la aprobación de nueve estados. Canadá hubiera podido unirse a la confederación inmediatamente.

En el Artículo XII, Estados Unidos se comprometía a pagar todas las **deudas** que tenía pendientes antes de la creación de los Artículos. Finalmente, el Artículo XIII declaraba que los Artículos de la Confederación eran la ley de la nación y permitía la posibilidad de que se hicieran enmiendas si los cambios eran ratificados por todos los estados.

Los Artículos de la Confederación sentaron las bases de la democracia estadounidense. Aquí se muestran los cuatro primeros artículos de este documento.

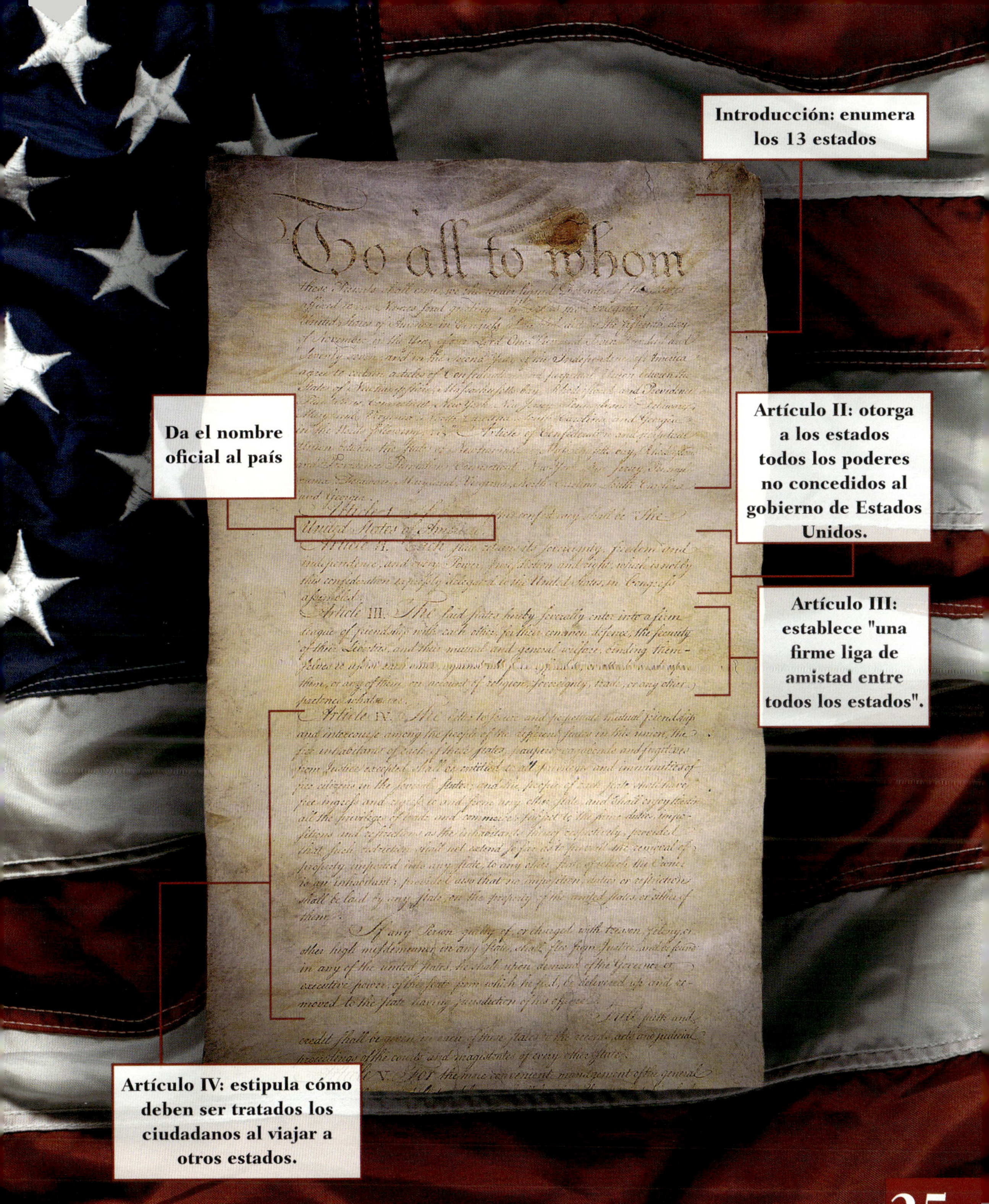
To all to whom
Introducción: enumera los 13 estados
Da el nombre oficial al país
Artículo II: otorga a los estados todos los poderes no concedidos al gobierno de Estados Unidos.
Artículo III: establece "una firme liga de amistad entre todos los estados".
Artículo IV: estipula cómo deben ser tratados los ciudadanos al viajar a otros estados.

PUNTOS FUERTES Y DÉBILES

Los Artículos de la Confederación establecieron un gobierno bajo el cual los estados tenían la mayor parte del poder. No obstante, el gobierno central logró algunas legislaciones importantes. Tal vez la más notable fue la resolución de las **disputas** acerca de las tierras del oeste.

En 1787, el Congreso pasó la llamada *Northwest Ordinance* (Ordenanza del Noroeste). Esta ley definió el proceso a través del cual las tierras del Territorio del Noroeste del Río Ohio podrían convertirse en estados, y protegió los derechos de los estadounidenses que vivían en ellas.

La aprobación de la Ordenanza del Noroeste del Río Ohio fue una manera del gobierno central de demostrar su poder. Sin embargo, su poder seguía siendo muy limitado y muchas de sus decisiones no se podían hacer cumplir. Por ejemplo, el Congreso no podía hacer que los estados contribuyeran dinero o tropas para ayudar al país.

Aunque el gobierno central logró algunas legislaciones bajo los Artículos de la Confederación, entre ellas la aprobación de la Ordenanza del Noroeste (que se muestra aquí), era demasiado débil para ser realmente eficaz.

Ordenanza del Noroeste del Río Ohio

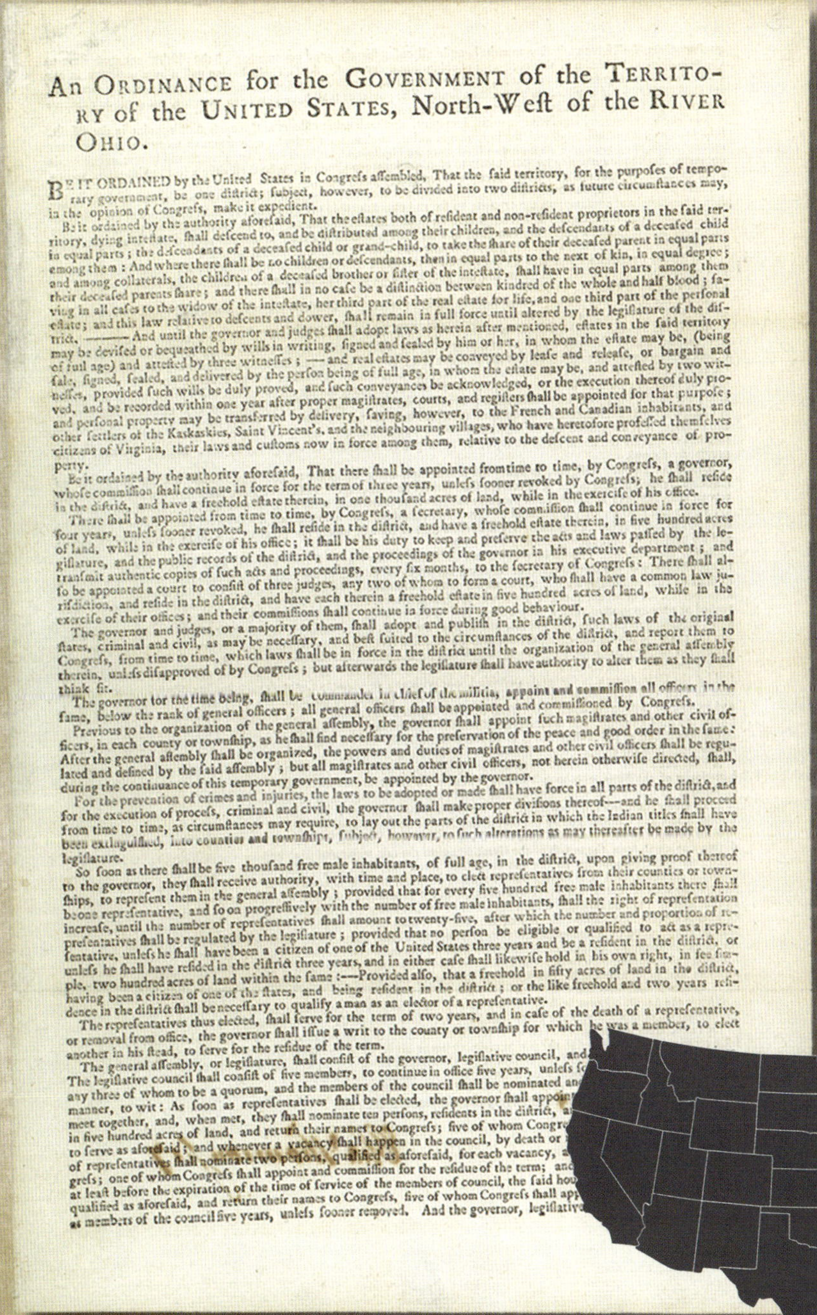

An Ordinance for the Government of the Territory of the United States, North-Weſt of the River Ohio.

Be it ordained by the United States in Congreſs aſſembled, That the ſaid territory, for the purpoſes of tempo-
rary government, be one diſtrict; ſubject, however, to be divided into two diſtricts, as future circumſtances may,
in the opinion of Congreſs, make it expedient.
Be it ordained by the authority aforeſaid, That the eſtates both of reſident and non-reſident proprietors in the ſaid ter-
ritory, dying inteſtate, ſhall deſcend to, and be diſtributed among their children, and the deſcendants of a deceaſed child
in equal parts; the deſcendants of a deceaſed child or grand-child, to take the ſhare of their deceaſed parent in equal parts
among them: And where there ſhall be no children or deſcendants, then in equal parts to the next of kin, in equal degree;
and among collaterals, the children of a deceaſed brother or ſiſter of the inteſtate, ſhall have in equal parts among them
their deceaſed parents ſhare; and there ſhall in no caſe be a diſtinction between kindred of the whole and half blood; ſa-
ving in all caſes to the widow of the inteſtate, her third part of the real eſtate for life, and one third part of the perſonal
eſtate; and this law relative to deſcents and dower, ſhall remain in full force until altered by the legiſlature of the diſ-
trict. ——— And until the governor and judges ſhall adopt laws as herein after mentioned, eſtates in the ſaid territory
may be deviſed or bequeathed by wills in writing, ſigned and ſealed by him or her, in whom the eſtate may be, (being
of full age) and atteſted by three witneſſes; — and real eſtates may be conveyed by leaſe and releaſe, or bargain and
ſale, ſigned, ſealed, and delivered by the perſon being of full age, in whom the eſtate may be, and atteſted by two wit-
neſſes, provided ſuch wills be duly proved, and ſuch conveyances be acknowledged, or the execution thereof duly pro-
ved, and be recorded within one year after proper magiſtrates, courts, and regiſters ſhall be appointed for that purpoſe;
and perſonal property may be transferred by delivery, ſaving, however, to the French and Canadian inhabitants, and
other ſettlers of the Kaskaskies, Saint Vincent's, and the neighbouring villages, who have heretofore profeſſed themſelves
citizens of Virginia, their laws and cuſtoms now in force among them, relative to the deſcent and conveyance of pro-
perty.
Be it ordained by the authority aforeſaid, That there ſhall be appointed from time to time, by Congreſs, a governor,
whoſe commiſſion ſhall continue in force for the term of three years, unleſs ſooner revoked by Congreſs; he ſhall reſide
in the diſtrict, and have a freehold eſtate therein, in one thouſand acres of land, while in the exerciſe of his office.
There ſhall be appointed from time to time, by Congreſs, a ſecretary, whoſe commiſſion ſhall continue in force for
four years, unleſs ſooner revoked, he ſhall reſide in the diſtrict, and have a freehold eſtate therein, in five hundred acres
of land, while in the exerciſe of his office; it ſhall be his duty to keep and preſerve the acts and laws paſſed by the le-
giſlature, and the public records of the diſtrict, and the proceedings of the governor in his executive department; and
tranſmit authentic copies of ſuch acts and proceedings, every ſix months, to the ſecretary of Congreſs: There ſhall al-
ſo be appointed a court to conſiſt of three judges, any two of whom to form a court, who ſhall have a common law ju-
riſdiction, and reſide in the diſtrict, and have each therein a freehold eſtate in five hundred acres of land, while in the
exerciſe of their offices; and their commiſſions ſhall continue in force during good behaviour.
The governor and judges, or a majority of them, ſhall adopt and publiſh in the diſtrict, ſuch laws of the original
ſtates, criminal and civil, as may be neceſſary, and beſt ſuited to the circumſtances of the diſtrict, and report them to
Congreſs, from time to time, which laws ſhall be in force in the diſtrict until the organization of the general aſſembly
therein, unleſs diſapproved of by Congreſs; but afterwards the legiſlature ſhall have authority to alter them as they ſhall
think fit.
The governor for the time being, ſhall be commander in chief of the militia, appoint and commiſſion all officers in the
ſame, below the rank of general officers; all general officers ſhall be appointed and commiſſioned by Congreſs.
Previous to the organization of the general aſſembly, the governor ſhall appoint ſuch magiſtrates and other civil of-
ficers, in each county or townſhip, as he ſhall find neceſſary for the preſervation of the peace and good order in the ſame:
After the general aſſembly ſhall be organized, the powers and duties of magiſtrates and other civil officers ſhall be regu-
lated and defined by the ſaid aſſembly; but all magiſtrates and other civil officers, not herein otherwiſe directed, ſhall,
during the continuance of this temporary government, be appointed by the governor.
For the prevention of crimes and injuries, the laws to be adopted or made ſhall have force in all parts of the diſtrict, and
for the execution of proceſs, criminal and civil, the governor ſhall make proper diviſions thereof—and he ſhall proceed
from time to time, as circumſtances may require, to lay out the parts of the diſtrict in which the Indian titles ſhall have
been extinguiſhed, into counties and townſhips, ſubject, however, to ſuch alterations as may thereafter be made by the
legiſlature.
So ſoon as there ſhall be five thouſand free male inhabitants, of full age, in the diſtrict, upon giving proof thereof
to the governor, they ſhall receive authority, with time and place, to elect repreſentatives from their counties or town-
ſhips, to repreſent them in the general aſſembly; provided that for every five hundred free male inhabitants there ſhall
be one repreſentative, and ſo on progreſſively with the number of free male inhabitants, ſhall the right of repreſentation
increaſe, until the number of repreſentatives ſhall amount to twenty-five, after which the number and proportion of re-
preſentatives ſhall be regulated by the legiſlature; provided that no perſon be eligible or qualified to act as a repre-
ſentative, unleſs he ſhall have been a citizen of one of the United States three years and be a reſident in the diſtrict, or
unleſs he ſhall have reſided in the diſtrict three years, and in either caſe ſhall likewiſe hold in his own right, in fee ſim-
ple, two hundred acres of land within the ſame:—Provided alſo, that a freehold in fifty acres of land in the diſtrict,
having been a citizen of one of the ſtates, and being reſident in the diſtrict; or the like freehold and two years reſi-
dence in the diſtrict ſhall be neceſſary to qualify a man as an elector of a repreſentative.
The repreſentatives thus elected, ſhall ſerve for the term of two years, and in caſe of the death of a repreſentative,
or removal from office, the governor ſhall iſſue a writ to the county or townſhip for which he was a member, to elect
another in his ſtead, to ſerve for the reſidue of the term.
The general aſſembly, or legiſlature, ſhall conſiſt of the governor, legiſlative council, and
The legiſlative council ſhall conſiſt of five members, to continue in office five years, unleſs ſo
any three of whom to be a quorum, and the members of the council ſhall be nominated an
manner, to wit: As ſoon as repreſentatives ſhall be elected, the governor ſhall appoint
meet together, and, when met, they ſhall nominate ten perſons, reſidents in the diſtrict, a
in five hundred acres of land, and return their names to Congreſs; five of whom Congre
to ſerve as aforeſaid; and whenever a vacancy ſhall happen in the council, by death or
of repreſentatives ſhall nominate two perſons, qualified as aforeſaid, for each vacancy, a
greſs; one of whom Congreſs ſhall appoint and commiſſion for the reſidue of the term; and
at leaſt before the expiration of the time of ſervice of the members of council, the ſaid hou
qualified as aforeſaid, and return their names to Congreſs, five of whom Congreſs ſhall app
as members of the council five years, unleſs ſooner removed. And the governor, legiſlative

Territorio del Noroeste del Río Ohio

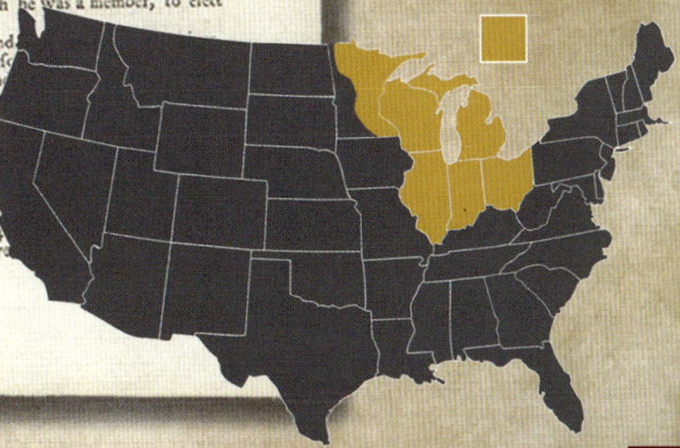

Desde el comienzo, quedó claro que había problemas con los Artículos de la Confederación. Era fácil que los estados ignoraran al gobierno federal, sobre todo a la hora de pagar sus deudas. Esto creó una situación financiera inestable para el joven país.

La falta de poder del gobierno central bajo los Artículos se convirtió en un problema más serio a raíz de la Rebelión de Shays, una revuelta armada que tuvo lugar en Massachusetts en 1786 y 1787. El alzamiento y la falta de una respuesta firme por parte del gobierno federal hicieron que mucha gente comenzara a solicitar cambios a los Artículos de la Confederación.

En 1787, se convocó una reunión con el fin de hacer enmiendas a los Artículos. Pero en lugar de las enmiendas, la convención dio lugar a la creación de la Constitución de Estados Unidos que usamos hoy en día. El 4 de marzo de 1789, esta nueva constitución reemplazó los Artículos de la Confederación.

LA REBELIÓN DE SHAYS

La Rebelión de Shays fue un alzamiento, encabezado por Daniel Shays, que tuvo lugar en Massachusetts. Shays y los hombres que lucharon con él se oponían a la subida de impuestos para pagar las deudas de la guerra de Independencia de Estados Unidos. Shays había servido en la guerra y tanto él como otros que habían luchado creían que estos impuestos eran injustos. Shays encabezó a más de 1000 hombres, muchos de ellos granjeros, y lucharon contra la milicia de Massachusetts, aunque finalmente fueron derrotados.

La Rebelión de Shays hizo que los estadounidenses se dieran cuenta de que hacía falta un gobierno central más fuerte, lo cual se refleja en la constitución que reemplazó los Artículos de la Confederación.

HACIA EL FUTURO

Cuando Estados Unidos se convirtió en un país independiente, sus líderes tuvieron que considerar muchas cosas. Tuvieron que decidir la mejor forma de gobernar la nueva nación, sin darle ni mucho ni poco poder al gobierno central. La creación de los Artículos de la Confederación, desde el Plan de Albany hasta los muchos borradores que se redactaron basados en las ideas de Benjamin Franklin, demuestra el deseo que tenía el país de crear un gobierno estable, incluso mientras luchaba por su libertad.

Los Artículos de la Confederación se usaron oficialmente durante ocho años antes de ser reemplazados por la Constitución de Estados Unidos. Sin embargo, la democracia estadounidense debe mucho a los Artículos. Este documento permitió que el nuevo país comenzara a desarrollar un gobierno que tuviera en cuenta las necesidades del pueblo.

GLOSARIO

borrador: una versión no definitiva de un escrito. Un escrito que sirve de modelo.

confederación: una unión de personas o grupos que tienen intereses u objetivos comunes.

Congreso de Albany: una reunión que tuvo lugar en Albany, Nueva York, en 1754 entre representantes de siete colonias.

delegado: una persona a la que se envía a una reunión o convención en representación de otras personas.

deuda: dinero que se debe.

disputa: un desacuerdo o enfrentamiento.

indigente: una persona muy pobre.

lealtad: fidelidad a una persona, grupo o causa.

milicia: un grupo de personas que no forman parte de las fuerzas armadas de un país, pero que reciben entrenamiento militar.

moneda: el dinero que circula en un país.

ratificar: aprobar formalmente.

tesoro público: los fondos colectivos de un estado o sociedad.

vagabundo: una persona que no tiene hogar y va de un lugar a otro.

ÍNDICE

SITIOS DE INTERNET

Debido a que los enlaces de Internet cambian a menudo, PowerKids Press ha creado una lista de los sitios Internet que tratan sobre el tema de este libro. Este sitio se actualiza con regularidad. Por favor, usa este enlace para ver la lista:

www.powerkidslinks.com/amdoc/arcon